L'IDÉE SOCIALISTE

SES ERREURS

PHILOSOPHIQUES & ÉCONOMIQUES

PAR

M. Maxime GAUSSEN

SOCIÉTÉ INTERNATIONALE

DES ÉTUDES PRATIQUES D'ÉCONOMIE SOCIALE

Séance du 30 Mars 1879.

L'IDÉE SOCIALISTE

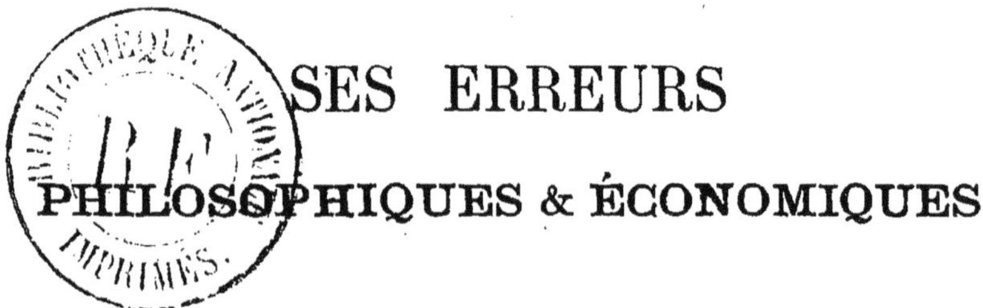

SES ERREURS

PHILOSOPHIQUES & ÉCONOMIQUES

PAR

M. Maxime GAUSSEN

SOCIÉTÉ INTERNATIONALE

DES ÉTUDES PRATIQUES D'ÉCONOMIE SOCIALE

Séance du 30 Mars 1879.

L'IDÉE SOCIALISTE

SES ERREURS

PHILOSOPHIQUES et ÉCONOMIQUES

Mesdames, Messieurs,

Avant d'aborder ma thèse, je vous demande la permission de m'expliquer au sujet de quelques paroles que j'ai prononcées à la fin d'une de nos dernières séances. Je n'ai pas voulu dire, croyez-le bien, que le patronage ne pouvait pas s'exercer mieux qu'il ne s'exerce généralement ; et d'un autre côté, je suis toujours prêt à affirmer qu'il y a des patrons, surtout dans les établissements de premier ordre, qui comprennent et remplissent parfaitement ce qu'on peut appeler leurs devoirs sociaux. Mais ce que j'ai cherché à faire entendre, c'est que dans les grands centres industriels, et notamment dans les petits ateliers, il était bien difficile, eu égard à l'état actuel des esprits, c'est-à-dire en présence de cet antagonisme qui est malheureusement trop constaté, d'obtenir des patrons une tutelle affectueuse et prévoyante vis-à-vis de leurs ouvriers. Cet antagonisme tient à différentes causes, que je ne puis énumérer aujourd'hui, mais surtout, il faut oser l'affirmer, à ce que les ouvriers, en général, sont plus ou moins imbus d'idées fausses en économie politique et sociale, en un mot, plus ou moins sous l'influence des prédications socialistes. Ce qui fait qu'ils sont presque toujours disposés à regarder ceux qui possèdent des capitaux, ou auxquels les capitaux se confient, comme des exploiteurs, n'accordant pas au travail manuel une rémunération suffisante. Aussi, serait-il plus que jamais nécessaire de leur faire comprendre cette grande vérité économique formulée par Bastiat : *Le capital est l'instrument démocratique, philanthropique, égalitaire par excellence !*

Il faut convenir également que nos tendances de plus en plus démocratiques — je me garde bien de contester leur raison d'être — ne se prêtent guère au maintien des rapports hiérarchiques, et souvent nécessaires, entre ceux qui dirigent et ceux qui ont besoin d'être dirigés. Il en est, du reste, ainsi dans le nouveau monde, ou plutôt dans l'Amérique du Nord, si j'en crois ceux qui ont observé de près les faits. Il paraît qu'on distingue difficilement dans les ateliers de travail le patron de ses ouvriers, car il ne reçoit, dit-on, de ces derniers aucune marque extérieure de respect. Aussi, je ne crois pas que dans ce pays, les directeurs d'entreprises s'occupent beaucoup de leurs collaborateurs, de leur état moral, de leur bien-être matériel. Eh bien, je le crains, c'est là sans doute la physionomie que présenteront nos ateliers de travail dans un avenir peu éloigné. Comment voulez-vous qu'il en soit autrement, lorsqu'il ne sera plus question de rangs, de hiérarchie, et quand la puissance politique sera définitivement entre les mains de ceux dont on flatte les illusions, dont on légitime en quelque sorte les mauvaises passions ? Il n'y aura plus alors qu'une influence, si toutefois il y en reste une : celle de l'or. Le dieu Dollar aura traversé l'Atlantique !

Maintenant, pour faire trêve à ces tristes tableaux, et vous prouver que j'admets bien qu'il y a des hommes, même dans les ateliers peu nombreux, qui remplissent parfaitement leurs devoirs de patronage, permettez-moi de vous mettre sous les yeux une véritable idylle au point de vue social. Il s'agit d'une fête donnée par la maison Jolifié à son personnel. M. Jolifié est un entrepreneur de broderies et de tissus élastiques, et a mérité la médaille d'or de la Société d'encouragement au Bien, pour la tutelle à la fois bienveillante et prévoyante qu'il exerce vis-à-vis de ses jeunes ouvrières.

Et à ce sujet, je ne puis mieux faire que de vous citer les paroles de remercîment qu'adressaient ces jeunes filles à leur patron, et en même temps, celles que prononçait le secrétaire général de la *Société d'encouragement au Bien*, à la dernière distribution de médailles et de bons de caisse d'épargne dont M. Jolifié gratifie tous les ans ses jeunes collaboratrices.

L'une d'elles est venue lui dire :

« Je viens, au nom de mes compagnes, ouvrières comme moi « dans votre maison, vous offrir un solennel et public hommage « de respect et de reconnaissance. Non-seulement les femmes et les « jeunes filles que vous employez trouvent chez vous le pain nour- « ricier, fruit d'un travail honorable et attrayant, mais encore des « conseils et des soins affectueux. Vous vous occupez sans cesse « l'un et l'autre (1) de notre présent et de notre avenir ; vous offrez « à nos familles la confiance et une sécurité qu'on rencontre si rare- « ment dans les ateliers ; vous êtes généreux et bons, vous compre- « nez les instincts de l'honneur, du beau et du bien, et vous vous « attachez à la fois à améliorer notre sort matériel et à nous main- « tenir dans la ligne du devoir et de la dignité.

« Toute notre ambition est de rester honnêtes, laborieuses, « de vivre de la vie douce et tranquille du foyer de la « famille.

« C'est à vous que nous devrons la jouissance de ces biens pré- « cieux. Merci, mille fois merci ! »

Maintenant, Messieurs, à son tour, le secrétaire de la *Société d'encouragement au Bien* a dit de M. Jolifié : « En homme juste qui n'a « pas laissé l'égoïsme et la cupidité envahir son cœur, il a compris « qu'entre l'ouvrier et le patron devait s'établir un lien de solidarité « avantageux pour tous ; et chaque fois qu'une ouvrière se présente « dans son atelier, il exige d'elle : travail, assiduité et bonne con- « duite ; et il offre en échange : protection, enseignement et salaire « proportionné au talent acquis. »

Vous le voyez, Messieurs et Mesdames, voilà des choses qu'on ne saurait trop mettre en lumière.

J'aborde à présent ma thèse, et pour la légitimer, je ne puis mieux faire que de vous citer le début d'une petite brochure, récemment

(1) Ce compliment s'adresse à la fois à M. et à Mme Jolifié ; cette dame, en effet, seconde très activement son mari dans la direction de son entreprise.

écrite, qui devrait être entre toutes les mains, et dans laquelle on reconnaît sans peine la hauteur de vues et la touche magistrale d'un grand maître. En voici les premières lignes : « L'Europe est ébran-« lée aujourd'hui dans les idées, les mœurs et les institutions qui « lui assuraient autrefois un état relatif de paix et de stabilité. Je ne « fais point ici allusion aux convoitises coupables qui ont provoqué « dans tous les temps la guerre entre les nations ennemies, et qui « continuent plus que jamais à se donner carrière. Je parle des « erreurs spéciales à l'époque actuelle, et qui créent la haine et « déchaînent la discorde entre les diverses classes d'une même nation, « et spécialement entre les pauvres et les riches. »

Cela a trait, vous le sentez, Messieurs, aux manifestations socialistes; et, en effet, pour l'observateur le plus superficiel, elles s'accentuent tous les jours et de plus en plus. Aussi voyons-nous les gouvernements les plus fortement constitués de la vieille Europe, se préoccuper sérieusement de cet état de choses. Du reste, des publications incendiaires, des faits monstrueux et multipliés légitiment ces préoccupations.

Quant à ce qui nous regarde plus particulièrement, on aurait pu croire qu'après l'écrasement du mouvement communaliste, qui était au fond et principalement une insurrection socialiste, on aurait pu croire, dis-je, que nous serions pour longtemps à l'abri du danger : il n'en est malheureusement rien, et aujourd'hui, les aspirations socialistes ou plutôt communistes s'affirment plus que jamais au grand jour.

Ainsi, pour n'en citer qu'un seul exemple, voici ce qu'on lisait il y a quelques jours, au sujet de l'anniversaire du 18 mars, dans un journal qui représente ces aspirations et qui porte en tête de son titre, au lieu du mot *fraternité*, troisième terme de la fameuse devise que nous a léguée la Révolution, celui-ci : *Solidarité !*

Voici, dis-je, ce qu'on y lisait : *Universaliser le pouvoir et la propriété, là est le programme de l'avenir !* Et on ajoute : *Ceux qui ont besoin de l'amnistie, ce ne sont pas les vaincus, mais bien les vainqueurs.*

Tout cela peut se passer de commentaires ; vous serez de mon avis, je pense.

Maintenant, voulez-vous me permettre de vous rappeler, Messieurs, qu'à une certaine époque, j'ai eu l'honneur de vous dire que le mot *fraternité*, dans la pensée socialiste, en masquait un autre, le mot *solidarité*, qu'on ne craindrait pas de prononcer à haute voix, quand le moment serait venu. Vous le voyez, on laisse déjà brutalement tomber le masque hypocrite dont on s'était affublé.

A ce sujet, je tiens à légitimer devant vous ce que je viens d'affirmer : c'est que l'insurrection du 18 mars était au fond une insurrection socialiste et même communiste. Ainsi, non-seulement les enquêtes officielles le constatent, mais il n'y a qu'à jeter les yeux sur une des publications, également officielles, de ceux qui dirigeaient le mouvement pour en être convaincu. Voici, par exemple, une pièce peu connue et significative : c'est un manifeste adressé aux travailleurs des campagnes, et qui, sorti des presses de l'Imprimerie nationale, sur papier petit format, a été distribué dans les départements par l'entremise de citoyens *dévoués;* les journaux ne le reproduisirent que vers le milieu du mois de mai.

COMMUNE DE PARIS

AUX TRAVAILLEURS DES CAMPAGNES.

« Frère, on te trompe. Nos intérêts sont les mêmes. Ce que je « demande, tu le veux aussi ; l'affranchissement que je réclame, « c'est le tien. Qu'importe si c'est à la ville ou à la campagne que le « pain, le vêtement, l'abri, le secours manquent à celui qui produit « *toute la richesse du monde ?* Qu'importe que l'oppresseur ait « nom : gros propriétaire ou industriel? Chez toi comme chez « nous, la journée est longue et rude, et ne rapporte pas même ce « qu'il faut aux besoins du corps. A toi comme à moi, la liberté, le « loisir, la vie de l'esprit et du cœur manquent. Nous sommes « encore et toujours, toi et moi, les vassaux de la misère.

« Voilà près d'un siècle, paysan, pauvre journalier, qu'on te « répète que la propriété est le fruit sacré du travail, et tu le crois. « Mais ouvre donc les yeux et regarde autour de toi, regarde toi-« même et tu verras que c'est un mensonge. Te voilà vieux, tu as « toujours travaillé ; tous les jours se sont passés la bêche ou la

« faucille à la main, de l'aube à la nuit ; et tu n'es pas riche cepen-
« dant, et tu n'as pas même un morceau de pain pour ta vieillesse.
« Tous tes gains ont passé à élever péniblement des enfants que la
« conscription va te prendre, ou qui, se mariant à leur tour, mène-
« ront la même vie de bête de somme que tu as menée, et finiront
« comme tu vas finir, misérablement ; car la vigueur de tes membres
« s'étant épuisée, tu ne trouveras plus guère de travail ; tu chagri-
« neras tes enfants du poids de ta vieillesse, et te verras bientôt
« obligé, le bissac sur le dos et courbant la tête, d'aller mendier de
« porte en porte l'aumône méprisante et sèche.

« Cela n'est pas juste, frère paysan, ne le sens-tu pas? Tu vois
« donc bien qu'on te trompe ; car s'il était vrai que la propriété
« est le fruit du travail, tu serais propriétaire, toi qui as tant tra-
« vaillé. Tu posséderais cette petite maison, avec un jardin et un
« enclos, qui a été le rêve, le but, la passion de toute ta vie, mais
« qu'il t'a été impossible d'acquérir, — ou que tu n'as acquise peut-
« être, malheureux, qu'en contractant une dette qui t'épuise, te
« ronge, et va forcer tes enfants à vendre, aussitôt que tu seras
« mort, peut-être avant, ce toit qui t'a déjà tant coûté. Non, frère,
« le travail ne donne pas la propriété. Elle se transmet par hasard
« ou se gagne par ruse. Les riches sont des oisifs, les travailleurs
« sont les pauvres, — et restent pauvres. C'est la règle ; le reste
« n'est que l'exception.

« Cela n'est pas juste. Et voilà pourquoi Paris, que tu accuses
« sur la foi des gens intéressés à te tromper, voilà pourquoi Paris
« s'agite, réclame, se soulève et veut changer les lois qui donnent
« pouvoir aux riches sur les travailleurs. Paris veut que le fils
« du paysan soit aussi instruit que le fils du riche, et *pour rien*,
« attendu que la science humaine est le bien commun de tous
« les hommes, et n'est pas moins utile pour se conduire dans la vie
« que les yeux pour voir.

« Paris veut qu'il n'y ait plus de roi qui reçoive trente mil-
« lions de l'argent du peuple, et qui engraisse de plus sa famille
« et ses favoris ; Paris veut que cette grosse dépense n'étant plus
« à faire, l'impôt diminue graduellement. Paris demande qu'il n'y

« ait plus de fonctions payées 20,000, 30,000, 100,000 francs, don-
« nant à manger à un homme, en une seule année, la fortune
« de plusieurs familles, et qu'avec cette économie on établisse
« des asiles pour la vieillesse des travailleurs.

« Paris demande que tout homme qui n'est pas propriétaire ne
« paye pas un sou d'impôt; que celui qui ne possède qu'une maison
« et son jardin ne paye rien encore ; que les petites fortunes soient
« imposées légèrement, et que tout le poids de l'impôt tombe sur
« les richards.

« Paris demande que ce soient les députés, les sénateurs et les
« bonapartistes, auteurs de la guerre, qui payent les milliards de la
« Prusse, et qu'on vende pour cela leurs propriétés, avec ce qu'on
« appelle les biens de la couronne, dont il n'est besoin en France.

« Paris demande que la justice ne coûte plus rien à ceux qui
« en ont besoin, et que ce soit le peuple lui-même qui choisisse
« les juges parmi les honnêtes gens du canton.

« Paris veut enfin, écoute bien ceci, travailleur des campagnes,
« pauvre journalier, petit propriétaire que ronge l'usure, bordier,
« métayer, fermier, vous tous qui semez, récoltez, suez, pour que
« le plus clair de vos produits aille à quelqu'un qui ne fait rien :
« — ce que Paris veut, en fin de compte, *c'est la terre au paysan,*
« *l'outil à l'ouvrier, le travail pour tous.* »

Est-ce assez clair, Messieurs?

« La guerre que fait Paris en ce moment, c'est la guerre à
« l'usure, au mensonge, à la paresse. On vous dit : Les Parisiens,
« les socialistes sont des partageux. Eh ! bonnes gens, ne voyez-
« vous pas qui vous dit cela ? Ne sont-il pas des partageux ceux
« qui, ne faisant rien, vivent grassement du travail des autres ?
« N'avez-vous jamais entendu les voleurs, pour donner le change,
« crier au voleur ! et détaler tandis qu'on arrête le volé?

« Oui, les fruits de la terre à ceux qui la cultivent ! A chacun le
« sien ; le travail pour tous !

« Plus de très riches ni de très pauvres.

« Plus de travail sans repos, ni de repos sans travail.

« Cela se peut ; car il vaudrait mieux ne croire à rien que de
« croire que la justice ne soit pas possible.

*

« Il ne faut pour cela que de bonnes lois, qui se feront quand les « travailleurs cesseront de vouloir être dupés par les oisifs.

« Et dans ce temps-là, croyez-le bien, frères cultivateurs, les « foires et les marchés seront meilleurs pour qui produit le blé et « la viande, et plus abondants pour tous, qu'ils ne le furent jamais « sous aucun empereur ou roi. Car alors, le travailleur sera fort « et bien nourri, et le travail sera libre des gros impôts, des pa- « tentes et des redevances, que la Révolution n'a pas toutes em- « portées, comme il le paraît bien.

« Donc, habitants des campagnes, vous le voyez, la cause de « Paris est la vôtre, et c'est pour vous qu'il travaille, en même « temps que pour l'ouvrier. Ces généraux qui l'attaquent en ce « moment, ce sont les généraux qui ont trahi la France. Ces dé- « putés, que vous avez nommés sans les connaître, veulent vous « ramener Henri V. Si Paris tombe, le joug de la misère restera « sur votre cou et passera sur celui de vos enfants. Aidez-le donc à « triompher, et, quoi qu'il arrive, rappelez-vous bien ces paroles, « car il y aura des révolutions dans le monde jusqu'à ce qu'elles « soient accomplies : — *La terre au paysan, l'outil à l'ouvrier,* « *le travail pour tous!* ».

Je pense, Mesdames et Messieurs, que vous êtes édifiés maintenant sur le véritable caractère de l'insurrection communaliste de 1871. Vous le voyez, ce sont toujours les mêmes affirmations haineuses et stupides : l'infâme bourgeois, le patron exploiteur seraient la cause de toutes les misères du prolétariat. C'est, du reste, ce que l'historien des revendications populaires, M. Robert (du Var) a cherché à prouver dans un ouvrage en quatre gros volumes qui a été publié vers 1850, et est, en réalité, le plaidoyer le plus complet qui existe en faveur de ces prétendues revendications. Peut-être n'est-il pas sans intérêt de vous donner un aperçu des conclusions de l'auteur, dont l'œuvre n'est heureusement pas assez condensée pour être répandue.

Voici d'abord ce que l'on trouve dans la préface :

« Comme tous les prolétaires, la bourgeoisie a dit : Liberté, Ega- « lité, Fraternité! Et il se trouve que tout ce qui est prolétaire, « c'est-à-dire tous ceux qui n'ont pas de capital, gémissent sous

« la plus cruelle exploitation. Ils ne peuvent être ni libres, ni « égaux, ni frères : ni libres, parce que leur pain quotidien dépend « de mille éventualités produites, engendrées par la lutte des ca- « pitalistes entre eux ; ni frères, parce que leurs cœurs brisés, « déchirés par les maux qui les accablent, ne peuvent aimer ceux « dont l'avidité leur est si funeste ; ni égaux, parce que le capital « étant la loi suprême, ce n'est que par lui que l'on peut participer « et concourir au pouvoir social. »

Aussi, pour M. Robert (du Var) « l'histoire de la classe ouvrière, « c'est l'itinéraire lentement parcouru par les souffrants pour « trouver la terre promise, la terre de la liberté, de la fraternité « et de l'égalité ».

Voici maintenant, son jugement sur le grand fait historique de l'émancipation des communes :

« L'émancipation des communes, quoique progressif en soi, « pour n'avoir pas détruit la prééminence attachée à la pro- « priété, n'a fait que créer une nouvelle forme de servage. Elle « a donné lieu aux serfs de l'industrie ; et cela est si vrai encore, « que la Révolution de 89 même, si féconde d'ailleurs en grandes « conséquences, n'a fait qu'introduire à son tour une nouvelle « forme de servage sous le nom de prolétariat. »

Puis, il ajoute à propos de la bourgeoisie :

« Elle s'est émancipée, l'ingrate qu'elle est, par l'intelligence et « le travail du joug féodal, mais elle s'enfouit dans le capital « comme le seigneur du moyen âge dans sa terre... Les finan- « ciers du XIXe siècle savent tout juste imiter les barbares. »

Je n'insiste pas, bien entendu, sur tout ce qu'il y a d'inconséquent et d'illogique dans ces affirmations, mais je ne puis m'empêcher de dire ceci : Voyez-vous ce bon propriétaire qui a gagné laborieusement sa petite ou grosse fortune dans l'industrie ou le commerce, et auquel on préfère souvent, aujourd'hui, un cabaretier comme maire du village qu'il habite, le voyez-vous assimilé à un farouche seigneur féodal ? Et ce qu'oublie trop volontiers l'auteur en question, comme tous les défenseurs de la cause socialiste, c'est qu'il y a au moins 90 °/₀ d'ouvriers parvenus, ou de fils d'ouvriers, dans ce qu'on appelle les patrons.

Le clergé, comme on le pense bien, a sa large part dans les diatribes violentes de M. Robert (du Var) contre tous les pouvoirs établis, contre toutes les institutions du passé ; mais, chose assez singulière, c'est que la force de la vérité lui arrache quelque part cet aveu :

« Faire reconnaître l'humanité dans l'esclave, associer, élever « ce dernier à la croyance religieuse du maître, tel fut le progrès « signalé que le christianisme fit accomplir aux classes serviles « depuis le Ve siècle jusqu'au Xe. »

Tout n'est donc pas à dédaigner dans ce passé qu'on attaque chaque jour avec tant d'injustice et de violence !

Je laisse de côté M. Robert (du Var). Mais, de nos jours, il ne faut pas l'oublier, le point de départ et, on peut le dire, la formule officielle des aspirations socialistes, est tout entière dans la fameuse Déclaration des droits de l'homme, celle de 1793, qui est, vous le savez, la charte du socialisme militant ; il l'invoque du reste tous les jours. Or, voulez-vous me permettre de vous en rappeler les articles 10, 11 et 13 ? Ils sont assez significatifs, je crois. Aussi, ne les ferai-je suivre d'aucun commentaire.

Art 10. — « La société est obligée de pourvoir à la subsistance « de tous ses membres, soit en leur procurant du travail, soit en « assurant les moyens d'exister à ceux qui sont hors d'état de « travailler. »

Art. 11. — « Les secours indispensables à celui qui manque du « nécessaire sont une dette de (*sic*) celui qui possède le superflu. « Il appartient à la loi de déterminer la manière dont cette dette « doit être acquittée. »

Art. 12. — « Les citoyens dont les revenus n'excèdent point ce « qui est nécessaire à leur subsistance sont dispensés de contri- « buer aux dépenses publiques ; les autres doivent les supporter « progressivement selon l'étendue de leur fortune. »

C'est à cette Charte-là, messieurs, que l'on veut nous ramener. Je dois maintenant ajouter que l'idée socialiste moderne est, au fond, non seulement communiste, militante, révolutionnaire, mais athée ; c'est la force des chose qui le veut ainsi. En cela elle diffère des idées communistes qui ont mis les armes aux mains des anabaptistes du XVIe siècle, car voici le programme du fameux Muncer, leur chef :

« Nous sommes tous frères, nous n'avons qu'un père commun « dans Adam : d'où vient cette différence de rang et de biens que « la tyrannie a introduite entre nous et les grands du monde? « Pourquoi gémirions-nous dans la pauvreté et serions-nous acca- « blés de maux, tandis qu'ils nagent dans les délices? N'avons- « nous pas droit à l'égalité des biens, qui, de leur nature, sont « faits pour être partagés sans distinction entre tous les hommes? « Rendez-nous, riches du siècle, avares usurpateurs, rendez-nous « les biens que vous retenez avec tant d'injustice : ce n'est pas « seulement comme hommes que nous avons droit à une égale « distribution des avantages de la fortune, c'est aussi comme « chrétiens. A la naissance de la religion, n'a-t-on pas vu les « apôtres n'avoir égard qu'aux besoins de chaque fidèle dans la « répartition des biens qu'on apportait à leurs pieds? Ne verrons- « nous jamais renaître ces temps heureux? Oui, mes frères, « n'avoir rien en propre, c'est l'esprit du christianisme à sa « naissance, et refuser de payer aux princes les impôts dont ils « nous accablent, c'est se tirer de la servitude dont Jésus-Christ « nous a affranchis. »

J'ai dit que l'idée socialiste moderne était, au fond, militante et révolutionnaire, et c'est la force des choses qui le veut ainsi. Voyez en effet, ce que les plus pacifiques écrivent tous les jours. Voici, par exemple, un extrait du programme du socialisme dit *scientifique et légal :*

« Nous affirmons qu'il y a une question sociale, résultant des « nouveaux rapports économiques créés par la société moderne « entre les travailleurs d'une part, le capital et les patrons d'autre « part ; rapports qui tendent de plus en plus à mettre l'existence « de la masse des travailleurs à la merci du capital et des patrons, « et à asservir le peuple à une féodalité industrielle plus rapace « que l'ancienne féodalité nobiliaire. »

Ces affirmations-là ont-elles vraiment un caractère pacifique?

Ne sont-elles pas faites au contraire pour attiser et perpétuer l'antagonisme et les haines entre ceux qui coopèrent aux mêmes travaux ?

Quant au caractère révolutionnaire du socialisme moderne, personne ne peut le mettre en doute ; on dirait que ses chefs, comme le plus obscur de ses sectaires, prennent le plus grand soin de nous l'affirmer tous les jours. N'a-t-on même pas dit mainte fois, à haute et intelligible voix : *Il faut tout détruire, nous réédifierons après ! Il faut anéantir la caste bourgeoise*, etc. Quant aux déclarations d'athéisme faites surtout parmi les socialistes militants, on n'a qu'à choisir ; mais elles se résument toutes dans le fameux mot prononcé par une des notoriétés de la Commune : « *Nous savons à quoi nous en tenir sur la Providence, qui a toujours penché du côté des millions ; le bon Dieu a fait son temps !* » Du reste, un des chefs militaires de l'insurrection du 18 mars n'a-t-il pas dit : *Nous ou le néant !* Cri de guerre qui, vous en conviendrez, a quelque chose de sauvage ?

Et, ce qu'il y a de plus curieux, Messieurs, c'est qu'un jour, dans cette enceinte, on a paru tenter de prouver que nous étions aussi des socialistes. Vraiment ! Il serait possible d'assimiler ceux qui croient à une loi divine, formulée dans le Décalogue éternel et vivifiée par le sang du Christ, avec ceux qui nient brutalement toute intervention d'en haut ? Eh quoi ! les hommes qui veulent par l'étude des institutions sociales chez les peuples prospères, par celle des coutumes du passé dans ce qu'elles ont de tutélaire, asseoir les véritables bases de la science sociale, auraient quelque chose de commun avec les hommes qui tendent à substituer, plus ou moins par la violence, à l'ordre social et économique actuel, un ordre de chose conçu *à priori*, contraire aux tendances les plus impérieuses du cœur humain, et surtout en opposition avec la forte constitution de la famille ? Non ! Et nous devons repousser de toutes nos forces une pareille promiscuité morale.

Mais ce qui prouve néanmoins combien les illusions socialistes tendent à envahir les meilleurs esprits, c'est ce qu'on trouve souvent, depuis quelques années, chez des écrivains distingués, bien intentionnés du reste, et n'appartenant nullement au monde de l'utopie. Or, il y a même parmi ces écrivains de grands personnages, des hommes d'État, des financiers en évidence, de notables industriels. Cela n'indiquerait-il pas que le poison socialiste tend à s'infiltrer dans nos rangs? Tout est à craindre, Messieurs, à ce sujet; aussi, permettez-moi de prouver ce que je viens d'avancer.

A tout seigneur, tout honneur! Je citerai d'abord à l'appui de mes affirmations, une œuvre bien connue, due à une plume princière, et intitulée *Des associations ouvrières en Angleterre.* Il s'agit des *trade's unions*, dont la formidable organisation peut être si dangereuse pour la paix sociale d'un pays; organisation à laquelle ne résisterait peut-être pas la forte constitution sociale de l'Angleterre, si ce grand pays était obligé de vivre sous le régime politique du suffrage universel. Eh bien, l'auteur dont je parle voudrait voir au contraire sanctionner l'organisation légale des *trade's unions*, et ne trouve d'autres moyens de s'opposer aux maux que pourrait déchaîner sur notre pays l'organisation de semblables sociétés, que l'octroi de toutes les libertés publiques, l'extension du droit de réunion et de coalition pour les ouvriers. De là, à la reconstitution de la *Société internationale des travailleurs*, il n'y a vraiment qu'un pas. Du reste, dans ce livre, intéressant et instructif, j'en conviens, on trouve des affirmations comme celle-ci : *L'apprentissage, cette dernière forme du servage dont nos sociétés modernes ont tant de peine à se défaire!*

Tout cela, on le voit, ne serait pas désavoué par l'école socialiste. Dans tous les cas, il est certain que l'esprit dans lequel ce livre a été écrit semble légitimer toutes les revendications plus ou moins légales du *salariat*; car l'auteur paraît admettre que l'harmonie dans les ateliers de travail doit naître de ces luttes à outrance, qui tendent à perpétuer au contraire les antagonismes et les haines entre les dirigeants et ceux qui sont obligés d'être dirigés.

D'autres lettrés, que l'on peut qualifier d'économistes, ont écrit aussi, avec bonne foi, je le reconnais, des livres que l'on peut considérer comme des plaidoyers socialistes. Ainsi, ils admettent implicitement que les fruits du travail ne sont pas partagés comme ils devraient l'être, et voient dans de nouvelles organisations économiques, demandées à cor et à cris par une partie de l'école socialiste, le remède à des maux qui sont tout simplement la conséquence de l'infirmité humaine, la résultante des fluctuations de l'offre et de la demande, et surtout de la concurrence sous le régime de la liberté du travail. De plus, ces écrivains donnent plus ou moins directement une raison d'être aux revendications des salariés, car on trouve dans leurs ouvrages des pages comme celle-ci:

« Malgré l'influence que peuvent avoir une instruction meilleure « et plus forte des classes laborieuses, et des lois justes pour modi- « fier à l'avantage des travailleurs la distribution des produits, « je ne puis croire qu'ils se contentent toujours de l'état de salariés « et qu'ils l'acceptent comme condition définitive. Ils peuvent con- « sentir à passer par la condition de salariés pour arriver à celle « de maîtres, mais non à rester toute la vie salariés. Dans un pays « neuf, où la richesse et la population croissent rapidement, « comme en Amérique ou en Australie, la condition normale de « l'ouvrier est de commencer comme salarié, puis de travailler « pour son compte, et enfin d'employer des ouvriers; mais dans un « vieux pays, complétement peuplé, ceux qui naissent salariés vi- « vent et meurent ordinairement salariés, ou descendent à la con- « dition encore inférieure d'objets de la charité publique. Dans l'é- « tat actuel de l'humanité, lorsque les idées d'égalité s'étendent « chaque jour dans les classes laborieuses, et ne peuvent être ar- « rêtées que par la suppression absolue de toute liberté de dis- « cussion écrite et même verbale, on ne peut plus espérer mainte- « nir la division de l'humanité en deux classes héréditaires de « patrons et de salariés. Les rapports sont déjà presque aussi désa- « gréables pour celui qui paye les salaires que pour celui qui les « reçoit. Si le riche considère le pauvre comme un serviteur dont « la dépendance est fondée sur une sorte de loi naturelle, il est « considéré à son tour comme la proie et la pâture du pauvre. « Les demandes et les espérances élevées contre lui sont infinies « et croissent à chaque concession qu'on leur fait, tandis qu'on « s'efforce de réduire au minimum le plus bas les services « fournis en échange du salaire. Il deviendra tôt ou tard « insupportable, à ceux qui emploient les ouvriers, de vivre en con- « tact perpétuel avec des hommes dont les intérêts et les senti-

« ments leur sont hostiles. Les entrepreneurs sont presque aussi « intéressés que les ouvriers à mettre les opérations industrielles « sur un pied tel, que ceux qui travaillent s'intéressent autant à « ce qu'ils font que ceux qui travaillent pour eux-mêmes....... »

« Le capital a forcément tendu à l'abaissement du salaire; du « jour aussi où le travail, n'ayant plus jamais à participer aux pro- « duits, a été rendu indifférent à la prospérité de l'industrie, il a « tendu forcément à l'élévation constante du salaire, sa rémunéra- « tion unique. Le capital n'a qu'un but; réduire le coût de la main- « d'œuvre, obtenir au moindre prix le plus de travail possible. Le tra- « vail, de son côté n'a eu qu'un but : donner au plus haut prix le moins « de travail possible. C'est, en deux mots, la querelle du capital et « du travail. Cela est fatal, irrésistible comme les lois naturelles « et comme la force des choses. Je n'accuse ici ni le capital ni le tra- « vail, ils obéissent à leurs lois. Il serait puéril d'accuser le torrent « d'être dévastateur...... »

Ne sentez-vous pas, Messieurs, que tout cela tend à prouver que l'antagonisme entre ce qu'on appelle improprement le capital et le travail manuel est inévitable, dans l'essence même des choses, et à légitimer conséquemment tous les agissements et les revendications du salariat? Ne tendent-elles pas surtout à fausser les idées des masses au sujet du rôle que remplit le capital, ce bouc émissaire de ce qu'on appelle les iniquités industrielles. Car, en réalité, il ne faut pas cesser de le répéter : le capital n'est pour rien dans l'affaire; c'est lui, au contraire, qui seul peut vivifier l'esprit d'entreprise, c'est lui qui fait, en quelque sorte, des avances au travail. L'antagonisme n'a lieu, en fin de compte, qu'entre ceux qui, ayant l'intelligence et l'esprit de prévoyance, dirigent et rétribuent, et ceux qui ont besoin d'être dirigés et sont rétribués.

Je dois ajouter à présent que les passages que je viens de vous citer appartiennent à une thèse : celle de ceux qui prétendent que la participation dans les bénéfices doit être la base de l'organisation économique de l'avenir. Cette thèse a pris pour titre : *Le partage des fruits du travail;* ce qui, encore une fois, implique tout naturellement que, dans l'état actuel des choses, les fruits du travail ne sont pas équitablement partagés. Doctrine fausse et dangereuse, vous le sentez comme moi ! Maintenant, je tiens à vous dire que je n'ai pas changé d'opinion au sujet de toutes ces nouvelles organisations économiques dont on cite parfois d'heureux exemples, et que l'on croit représenter en germe notre future constitution agricole et industrielle, mais qui pour moi ne seront jamais que des exceptions. Voici, du reste, si vous le permettez, ce que je disais à ce sujet en 1874 :

« Si l'on jette un coup d'œil sur l'ensemble des sociétés en parti- « cipation, on constate de suite ce grand fait : c'est que dans la gé- « néralité des cas, ce régime a été inauguré par des directeurs « d'entreprises en pleine voie de prospérité, c'est-à-dire qui avaient « déjà traversé cette première période si difficile d'enfantement, où « la participation n'est pas applicable en réalité. J'ai donc le droit « de conclure qu'elle ne peut être organisée que par la partie la « plus intelligente du patronat. Eh bien, en supposant que tous « ceux qui ont les aptitudes nécessaires et la direction d'idées vou- « lues pour fonder de telles organisations économiques, le fassent, « je n'hésite pas à affirmer qu'ils seront toujours en minorité. « Aussi, plus je considère dans son ensemble le monde immense de « la production et de l'échange, plus je suis disposé à croire que la « participation sera toujours une exception, car elle demande, pour « être appliquée, des conditions difficiles à remplir.

« Quant aux sociétés coopératives, qui ont représenté la grande « aspiration des socialistes de la première heure, et qui devaient à « bref délai, avec l'extension du droit d'association, changer la cons- « titution du monde économique, on ne peut encore les considérer « aussi que comme des exceptions. Et, en effet, peut-on les comp- « ter pour quelque chose dans l'immensité des ateliers de travail ? « Du reste, pour peu que l'on observe attentivement ce qui s'y « passe, on est entraîné à conclure que la formation des sociétés « coopératives devient de jour en jour plus difficile ; car générale- « ment parlant, les grandes entreprises seules sont fructueuses « aujourd'hui, quand il ne s'agit pas d'art industriel ou d'objets « d'une petite consommation ; or, les grandes entreprises deman- « dent non-seulement de grands capitaux, mais des directeurs très « habiles et intéressés fortement à leur succès. »

J'en reviens à la participation dans les bénéfices.

Ce qui se voit le plus généralement et ce qui a toujours existé, c'est qu'en définitive, ceux qui coopèrent le plus directement au succès d'une entreprise sont presque toujours intéressés dans les bénéfices qu'elle procure, mais non pas ceux qui n'y coopèrent que bien indirectement, comme les simples ouvriers. Et puis, il ne faut pas croire que cette participation soit aussi facile à organiser qu'on paraît le dire, et qu'elle suffise toujours pour apaiser certaines défiances, ou rétablir l'harmonie dans les ateliers de travail. Ce qui est arrivé à la fameuse maison Briggs et Cie, que l'on citait toujours si volontiers, en est un exemple. Ainsi, voici ce que l'on trouve à son sujet dans le dernier ouvrage auquel j'ai emprunté déjà quelques citations, et qui est dû cependant, j'allais oublier de le dire, à la plume élégante d'un homme haut placé, et certes animé des meilleures intentions du monde :

« En 1864, le système de la participation s'établissait dans une « grande exploitation houillère du Royaume-Uni ; on veut parler « des mines de houille de Whitwood et Methley-Junction, près Nor- « manton, dirigées par MM. Briggs et Cie, qui emploient 1,200 « ouvriers. »

« MM. Briggs, cruellement éprouvés par le fléau des grèves, ont « présenté la participation dans les bénéfices comme la base d'un « traité de paix avec la population ouvrière qui les entoure. Ils ont « pris à cet égard une initiative des plus heureuses et des plus « fécondes, et leurs travaux, leurs règlements, les mémoires et les « rapports publiés par eux contiennent des enseignements qu'il « faut méditer, etc. »

Ainsi, quand on lit ce qui a été écrit au sujet de la maison Briggs et Cie dans les deux œuvres dont il vient d'être question : Les *associations ouvrières en Angleterre*, et *Le partage des fruits du travail*, on est disposé à croire que le succès de la nouvelle organisation économique de ces messieurs a été complet. Il n'en est cependant rien, car ayant appris indirectement que cette maison était loin d'être satisfaite des résultats qu'elle avait obtenus, j'ai cru devoir écrire, à ce sujet, à M. Archibald Briggs dont le nom avait du reste figuré dans les dernières grandes enquêtes qui ont eu lieu en Angleterre au sujet des *Trade's Unions;* or, voici un extrait de la réponse que j'ai reçue de lui vers le milieu de 1875 :

« C'est avec beaucoup de regret que je me vois forcé de vous « dire, que nous sommes sur le point d'abandonner notre système, « celui dans lequel nous avons fait participer nos ouvriers dans « les bénéfices réalisés. Nous continuerons sans doute d'encoura- « ger nos mineurs devenus actionnaires, mais ceux d'entre eux qui « ne veulent pas souscrire au capital n'auront plus aucune partici- « pation dans les bénéfices. La hausse qui a eu lieu dans leurs « gages a été très grande de prime abord, et ils ont été en quelque « sorte *gâtés*. Ils sont presque devenus tous membres de l'associa- « tion des mineurs (Miners Unions), et en cas de divergence entre « eux et notre Compagnie, ils agissent toujours d'après les ordres « de cette association. »

Vous le voyez encore une fois, Messieurs, il n'est pas aussi facile qu'on le croit de rétablir l'harmonie dans les ateliers de travail, surtout quand les ouvriers sont sous l'influence des associations ouvrières, et notamment des prédications socialistes.

Et puis, à ce propos, laissez-moi affirmer qu'il n'est vraiment pas donné à tout le monde d'être patron comme l'entend, par exemple, l'auteur du *Partage des fruits du travail*, et cela par le temps qui court, comme l'on dit vulgairement ; car il dit lui-même quelque part : « Oui, tout patron, désormais, devra se considérer comme « un ambassadeur du capital, chargé de traiter, dans sa propre « usine, avec les plénipotentiaires du travail; et, pour éviter la « guerre, pour obtenir une paix durable, il lui faudra plus de « tact, plus d'énergie, plus de patience, plus d'adresse, plus de « réserve prudente et plus d'entrain cordial, que n'en dépense peut- « être en temps ordinaire, et même en temps extraordinaire, le re- « présentant doré, chamarré et archi-décoré d'un grand État. Etre « fin diplomate ne suffirait même pas. Un chef d'industrie a « besoin de connaître aussi l'art de gouverner. »

A cela, je me permettrai simplement d'ajouter, que s'il est aussi difficile d'être directeur d'entreprises, c'est bien le moins qu'en cas de succès, on profite des résultats qu'elles peuvent donner.

Maintenant pour vous prouver de plus en plus que les idées socialistes tendent à s'implanter dans les meilleurs esprits, j'ai à vous signaler des écrits tout récents, émanant d'hommes qui, quoiqu'ayant obtenu les plus grands succès dans le monde de la finance et de l'industrie, — monde positif cependant par excellence — se laissent aller tous les jours, quant ils écrivent sur des questions dites sociales, à des affirmations que les véritables socialistes ne désavoueraient pas. Ainsi, à ce propos, voici d'abord l'épigraphe que je trouve dans un ouvrage qui vient de faire avec juste raison un certain bruit, et qui est dû à la plume d'un célèbre financier :

« *Toutes les institutions sociales doivent avoir pour but l'amé-* « *lioration du sort moral, intellectuel et physique de la classe* « *la plus nombreuse et la plus pauvre.* »

« *Tout par le travail, tout pour le travail.* »

Eh bien, pour peu que l'on étudie cet aphorisme, on trouve qu'il est empreint d'une couleur socialiste assez prononcée ; je dirai presque communiste. En effet, cela ne tendrait-il pas à dire que toutes les ressources morales et matérielles dont une société dispose doivent être employées au profit du plus grand nombre ; que le plus grand nombre y a *droit* en quelque sorte? Or, vous le savez, dans les pays même les plus favorisés, ce qu'on entend par la classe la plus nombreuse et la plus pauvre représente au moins les cinq sixièmes de la population. Elle doit comprendre, du reste, la généralité de ceux qui n'ont que leur travail manuel pour vivre. Alors, il ne faut plus s'occuper de ceux qui représentent ou doivent représenter l'élite de cette population, c'est-à-dire ceux qui font progresser la civilisation et la constituent en réalité? Comment, en définitive, en dehors de la filiation, se forment les sujets d'élite, si ce n'est, dans la généralité des cas, au moyen de la richesse, du loisir, et sous l'empire de cette tutelle prévoyante qui émane de l'amour de la famille? Et puis, ne serait-ce pas aller contre les tendances les plus impérieuses du cœur humain, que de vouloir remplacer l'amour de la famille par l'amour de l'humanité? Encore une fois, l'homme est avant tout *individualiste*, et l'Etat, qui représente la collectivité, ne peut être communiste, pour ainsi dire. Vous ne pouvez demander autre chose à une société, c'est-à-dire aux institutions qui doivent en être l'émanation directe et en représenter l'esprit, que de mettre gratuitement une instruction suffisante à la portée de tous, de secourir les misères imméritées, et, dans une limite assez restreinte, les misères méritées. L'esprit chrétien et le sentiment du devoir social feront le reste.

Ainsi, au point de vue de notre amélioration morale, on peut oser dire, qu'il s'agit non-seulement de faire beaucoup de fruits, mais encore de tendre toujours à faire de beaux fruits.

Tout par le travail et tout pour le travail, nous dit encore l'auteur dont il est question. Sans doute, rien ne peut s'obtenir sans travail, cela est banal; mais il faudrait ajouter que le travail porte avec lui sa rémunération, et qu'en définitive, il n'y a que la richesse acquise qui le rend fructueux, au moins dans la grande généralité des cas.

Laissez-moi vous dire à présent, qu'en lisant l'épigraphe du livre dont je parle, j'étais presque sûr d'y trouver des affirmations socialistes, et, en effet, voici ce qu'on y lit: « Les conquêtes politiques « de 89, comme celles de la mécanique, n'ont pas sensiblement « amélioré les conditions d'existence des masses. Il n'y a plus « deux espèces, dans l'acception brutale du mot, mais il y a des « patrons et des ouvriers, des riches et des pauvres. »

« Le travail, tel qu'il est organisé, est encore une sorte de ser- « vage. L'ouvrier libre, réduit à ses seules forces et ses seules res- « sources, est quelquefois plus malheureux que l'ancien esclave. »

Et plus loin: « Les économistes modernes n'ont envisagé la « formation des richesses qu'au point de vue du bon marché des « produits, au moyen de la réduction des salaires; ils ne se sont « pas occupés de la distribution vicieuse des richesses; ils ne se « sont pas inquiétés des souffrances de ceux qui les créent......

« Méconnaissant le plan providentiel qui préside au développe- « ment des sociétés, et dominés par la même pensée qu'Aristote à « l'égard de l'esclavage, ils ont fait de la condition misérable des « ouvriers une loi naturelle, une loi fatale.

« Ils ont cherché à démontrer dans des théories impies: d'une « part, comme Malthus, que l'accroissement de la population au « delà des subsistances, ne pouvait être réprimé que par les fléaux « de la guerre, des maladies, de la famine, et par la contrainte « morale du prolétaire; d'autre part, comme Ricardo, que les terres

« les plus fertiles étant prises par les premiers occupants, la mise « en culture des plus mauvaises devait inévitablement avoir pour « résultat d'augmenter la rente du propriétaire oisif et d'empirer « de plus en plus la condition des fermiers et des travail- « leurs. »

Messieurs, je vous le demande, les socialistes militants vont-ils plus loin que cela ?

Mais ce qui est encore plus dangereux, c'est de voir des hommes occupant un rang élevé dans le monde industriel, patronner ouvertement les œuvres de certains économistes, qu'on peut qualifier de socialistes, puisqu'ils viennent jeter à la face d'une société qui jouit de l'égalité civile, de la liberté du travail, et dans laquelle les fortunes moyennes sont nombreuses, des aphorismes comme celui-ci : *Les riches deviennent de plus en plus riches, et les pauvres de plus en plus pauvres !* Comme si cela était possible ! comme si toutes les grandes œuvres de la civilisation moderne, le développement de l'esprit d'entreprise, n'impliquait pas l'emploi constant de cette richesse, l'abondance du travail fructueux, l'élévation du salaire, l'extension de plus en plus grande des œuvres de charité !

Je m'arrêterai là volontiers, pour ne pas fatiguer votre attention ; ces choses doivent suffire, je pense, pour faire comprendre que les véritables socialistes ont le droit de dire qu'ils ont des auxiliaires dans nos rangs. Je n'ai plus maintenant qu'à ajouter quelques mots au sujet de ceux que je me permets d'appeler les socialistes instinctifs, lesquels sont sans contredit les plus nombreux, et forment le gros de cette grande armée des illusionnés et des malintentionnés; armée sur laquelle on compte, dans un certain milieu, pour donner le dernier assaut à l'ordre social et économique établi. Du reste, une petite anecdote suffira pour vous fixer sur ce que je veux dire, et vous édifier sur le nombre probable de ce genre de socialistes.

Il y a déjà plus d'un an, je traversais le parc Monceau par une belle journée du mois de mars, et vers le milieu de cette délicieuse promenade, un équipage qui venait derrière moi, quoiqu'à une allure ralentie, me força à quitter une des grandes allées où je me trouvais, pour prendre un des trottoirs qui les bordent. Je pus alors admirer à mon aise une belle calèche armoriée, attelée de deux magnifiques chevaux conduits par un cocher en grande livrée, et derrière laquelle se trouvait un valet de pied d'une tenue irréprochable. Ce magnifique équipage était occupé seulement par une dame d'apparence aristocratique, ayant sur ses genoux un petit chien havanais, blanc comme neige, et dont le cou était entouré d'une grosse faveur rose. Au moment où la voiture venait de me dépasser, mes regards, en se reportant devant moi, se fixèrent sur un groupe d'un aspect misérable; il se composait d'une pauvre femme, en cheveux, très mal vêtue, âgée tout au plus d'une quarantaine d'années, portant un enfant tout jeune dans ses bras, et en ayant deux autres accrochés à sa jupe, qui se faisaient comme traîner derrière elle. Puis à deux ou trois pas en arrière, et paraissant lui appartenir, se trouvait une petite fille un peu plus âgée, mal vêtue comme sa mère, et qui s'était arrêtée pour tâcher d'atteindre, par dessus la petite balustrade en fer entourant les gazons, quelques belles reines-marguerites. Or, à l'instant même où je regardais cette femme avec un certain intérêt, la belle voiture en question allait la dépasser. C'est alors que je la vis très distinctement jeter sur la belle dame un regard de haine concentrée, accompagné d'un jeu de physionomie très significatif. A la vue de cette manifestation si caractérisée, je m'arrêtai court, absorbé par une pensée que vous comprendrez. Aussi, quand cette femme, dont la figure reflétait encore le sentiment qu'elle venait de manifester, se trouva devant moi, je ne pus m'empêcher de lui dire, en l'arrêtant d'un geste bienveillant : « Mais, ma bonne femme, vous me paraissez bien en vouloir à cette dame ? » A ces paroles, elle me regarda fixement, et sa physionomie commune, mais intelligente, prit une expression particulière qui semblait dire : Cela ne vous regarde pas ! Puis comme dominée par un sentiment involontaire, elle parut changer d'idée, et elle accentua énergiquement ces mots, en secouant la tête et faisant mine de continuer sa route : *Ce n'est pas juste !* — Ah ! fis-je, je vous comprends maintenant, ma pauvre femme! Mais vous êtes bien grossièrement dans l'erreur : ce qui est dans la nécessité des choses ne peut être taxé d'injuste; car, soyez-en convaincue, *plus il y a de riches, moins il y a de pauvres !* Elle me fixa alors avec étonnement, sans paraître trop comprendre ce que je voulais lui dire, et je lus sur sa figure comme un désir de me questionner. Néanmoins, dominée aussitôt par son sentiment instinctif, elle reprit en secouant la tête de nouveau, et d'un air convaincu : « *Non ! ce n'est pas juste !* » Enfin, par un mouvement particulier de son corps et de ses bras — car elle portait un enfant endormi — elle sembla me dire : *Laissez-moi passer*. Je m'écartai tout naturellement, car je sais trop par expérience qu'on ne peut à première vue, avoir raison de cette logique brutale, irréfléchie, qui fait la force de l'idée socialiste. Cette femme continua donc son chemin, en remuant toujours la tête et comme paraissant se parler à elle-même. Quant à moi, à quelques pas de là, je m'arrêtai devant la jeune fille aux reines-marguerites, toujours occupée de sa petite maraude, et je lui mis une petite pièce blanche dans la main en lui disant : « Mon enfant, c'est pour vous acheter des fleurs ». Alors, presque sans me regarder, elle courut toute joyeuse vers sa mère, et la prenant par la robe lui présenta ma petite offrande. A ce moment, je m'étais retourné, et je lus sur la figure de cette femme une certaine hésitation quand sa fille lui présenta mon obole, en lui répétant sans doute mes paroles; mais changeant assez subitement de physionomie, elle me regarda avec un triste sourire, puis se courba légèrement en signe de remerciment, car son fardeau ne lui laissait pas les bras libres.

Les socialistes instinctifs, Messieurs, c'est le plus grand nombre, et dans nos jours de défaillance politique, je le repète : c'est la grande armée du mal.

Maintenant, je vais résolûment au-devant d'une question toute naturelle : le remède, me direz-vous, à l'état de choses que vous nous dépeignez ? Eh bien, je me hâte de vous le dire et avec conviction : il y en a de plusieurs sortes, selon moi. Le premier, vous le préjugez tous, il est purement préventif, et demande à être appliqué résolûment et sans faiblesse. Il faut, en un mot, que la puissance sociale s'affirme, et soit d'autant plus forte et plus vigilante, que les illusions et les passions menaçantes pour l'ordre établi dans une société, sont plus surexcitées et plus vivaces. Car si ces passions et ces illusions n'ont en réalité aucune raison d'être, et sont contenues dans certaines limites, elles finiront, sinon par s'éteindre avec le temps, du moins par reconnaître leur impuissance. Et cela d'autant plus vite, que les vérités sociales et économiques, pour peu qu'on s'occupe de les propager, achèveront de désiller les yeux les plus prévenus.

Quant au second moyen d'action, je suis complétement d'accord avec mes maîtres. Oui, plus que jamais et sans cesse, il faut rappeler à tous les bases de toute civilisation, c'est-à-dire les préceptes de la loi divine, formulés dans le Décalogue éternel et vivifiés par le christianisme ; particulièrement celui-ci, qui est de circonstance : *Tu ne convoiteras pas la maison de ton prochain, ni aucune chose qui soit à ton prochain, etc., etc.*

Oui, il ne faut pas non plus cesser de dire à ceux qui ont en quelque sorte charge d'âmes, qu'ils ont de grands devoirs à remplir dans l'intérêt de la stabilité sociale, et qu'ils doivent conséquemment redoubler de sollicitude et de charité prévoyante vis-à-vis de leurs collaborateurs et de leurs inférieurs.

Ce qu'il est bien nécessaire de faire comprendre aussi, c'est que nos dernières institutions sociales ont affaibli l'autorité du père de famille, et que cette autorité a été, dans tous les temps et chez tous les peuples, la pierre angulaire de toute société. Maintenant, permettez-moi d'ajouter que dans l'état actuel des esprits, en présence surtout de ces masses de salariés chez lesquels l'idée religieuse va en s'affaiblissant tous les jours, qui en sont arrivés, on peut dire, à un brutal positivisme, et qui regardent, dans la généralité des cas, comme des ennemis-nés ceux qui dirigent les ateliers de travail, tout cela peut ne pas suffire, selon moi. Il faut donc aller d'abord au plus pressé, se faire *réaliste*, en quelque sorte, et surtout marcher à pieds joints sur toutes les utopies plus ou moins sentimentales des faiseurs de théories, en laissant de côté ce que je me permettrai d'appeler des compromis hypocrites. Ainsi, il faut prouver d'abord que les idées de *fraternité*, de *solidarité*, en dehors du domaine religieux, n'ont pas de raison d'être, que l'homme est invinciblement *individualiste* avant tout ; et qu'à ce point de vue, toute l'école socialiste, depuis le premier jusqu'au dernier de ses disciples, est dans le faux, et ne nous présente, sciemment ou inconsciemment, que des mirages qu'on tend à nous faire prendre pour des réalités.

Ainsi, il faut oser affirmer et prouver, ce qui est facile, que l'homme ne s'ingénie et ne travaille qu'à son profit et au profit des siens, et qu'en définitive, celui qui s'enrichit honnêtement rend un grand service à la société ; de plus, que dans l'immense généralité des cas, il ne peut s'enrichir autrement.

Il est aussi nécessaire de faire comprendre, que la propriété, telle qu'elle s'est constituée chez nous à la suite des convulsions sociales qui ont suivi l'évolution politique et économique de 89, est inattaquable dans sa légitimité. C'est ce qui a été si bien établi par un esprit éminent, M. Thiers, après les événements de 1848.

Après cela, rien ne serait plus utile encore que de démontrer que la constitution de la richesse est le grand levier de la civilisation ; que cette richesse ne peut être menacée sans s'amoindrir, et par suite sans manquer à l'esprit d'entreprise, sans qu'on voie diminuer à la fois le travail et sa rémunération ; conséquemment, que les rêves de prétendue liquidation sociale représentent les plus grandes billevisées économiques que l'on puisse imaginer ; que ce serait simplement, comme on l'a dit, éventrer la poule aux œufs d'or.

Ce qu'il faut bien prouver surtout, c'est, comme l'a dit Bastiat avec sa fine raison : que *le capital est l'instrument démocratique, philanthropique, égalitaire par excellence*, que l'intérêt de l'argent, si violemment attaqué par certains socialistes, est d'autant plus légitime, que non-seulement cet argent court des risques, mais encore qu'il est utile à ceux qui l'empruntent. Il faut bien faire comprendre aussi, contrairement à ce que disent des rêveurs, que *plus il y a de riches, moins il y a de pauvres*, là où règne l'égalité civile, et que plus ces pauvres sont secourus. Car si nous repoussons de toutes nos forces le principe de la solidarité, nous demandons qu'on élargisse de plus en plus le cercle de la charité, mais de cette charité qui n'encourage pas l'indolence et le vice.

Proclamons aussi bien haut, et par tous les moyens de publicité possibles, que sans la richesse, cette fille aînée du travail producteur et qui a permis le loisir, l'homme n'aurait pu développer son intelligence, élever constamment le niveau du monde intellectuel, et qu'il en serait peut-être encore à l'âge de la pierre taillée.

Quant au travail en lui-même, il n'est pas non plus difficile de faire comprendre, qu'il n'est fructueux qu'autant qu'il est bien dirigé, qu'il n'est actif et bien rémunéré que si les capitaux abondent ; ensuite, que celui qui détient le capital, ou inspire assez de confiance pour qu'on le lui confie, celui, en un mot, qui a assez de savoir-faire et de prévoyance pour créer la richesse, a tous les droits possibles à en recueillir les fruits.

Toutes ces vérités et bien d'autres, qu'il est inutile d'énumérer quand on s'adresse à des esprits aussi éclairés que les vôtres, toutes ces vérités une fois bien établies, bien mises à la portée de tous, le socialisme n'a vraiment plus de raison d'être, car la possession individuelle de la richesse devient la chose la plus respectable du monde ; de même qu'il devient évident que l'ordre économique établi dans les sociétés modernes, est celui qui peut le mieux favoriser son développement. Que faudrait-il alors de plus ? Tâcher de ranimer ce souffle chrétien qui a sauvé déjà la civilisation du Vme au Xme siècle. Or, après tout, qu'est le christianisme, si ce n'est l'idée religieuse dans sa formule la plus élevée ?

Aussi, c'est par millions d'exemplaires que je voudrais voir se répandre, dans nos ateliers de travail, une sorte de Catéchisme social, renfermant toutes ces vérités. J'irai même plus loin en disant, que dans l'intérêt de la paix sociale de l'avenir, il serait bien désirable que nos jeunes générations l'apprissent par cœur, comme les petits Chinois apprennent, même avant de pouvoir les lire, les préceptes moraux de leur grand législateur.

Tout cela suffirait-il pour nous préserver du danger social que nous courons ? Je n'ose l'affirmer, tant il est grand ; mais dans tous les cas, nous aurions alors tout fait pour le conjurer. *L'homme s'agite et Dieu le mène*, a dit un grand orateur chrétien. Qui peut donc prévoir jusqu'où peuvent nous entraîner les illusions et les passions socialistes, et surtout l'esprit de scepticisme et de négation ? Le bien ne doit-il se produire qu'après l'excès du mal ? Devons-nous voir la civilisation moderne sombrer à la suite de longues luttes sociales ? Ce foyer de lumières dont nous sommes si fiers et qui a failli récemment être réduit en cendres, ne doit-il être à son tour, dans un avenir plus ou moins lointain, qu'un amas de ruines au milieu desquelles se feront jour les géants de nos forêts? Qui sait! Les investigations humaines ont des bornes, surtout quand il s'agit du monde moral. Sans doute, dans le monde matériel, l'esprit humain s'est rendu compte de bien grandes choses; ainsi, contrairement à ce que paraissaient lui indiquer ses sens, l'homme a découvert que la terre tournait autour du soleil, et a fini par savoir que le soleil lui-même avait un mouvement d'impulsion dans le sens de la constellation d'Hercule; mais après tout, saura-t-il jamais quelle est la nature de ce centre d'attraction, la cause de cette puissance incommensurable?....

De même, nous savons aussi que nous sommes entraînés par un grand courant d'idées pour lesquelles les masses tendent à se passionner, et que ce grand courant paraît nous entraîner comme malgré nous. Maintenant, ses flots agités et bourbeux doivent-ils finir par nous conduire au port de la stabilité sociale, là où doit enfin régner la concorde dans la grande famille humaine, ou devons-nous sombrer en route dans la mer houleuse et sans fond de l'anarchie? Dieu seul le sait! Car devant de tels problèmes l'esprit le plus sagace peut avouer son impuissance.

Quoi qu'il en soit, et pour rentrer dans ma thèse : le devoir le plus impérieux, selon moi, c'est de lutter avec énergie contre les tendances qualifiées de socialistes, et qui ne représentent au fond que l'idée révolutionnaire et communiste. Du reste, l'homme de l'antinomie, ou plutôt de la négation, celui qui a osé dire : « La propriété c'est le vol! Dieu n'existe pas! » n'a-il pas avoué que le *socialisme devait avoir tout le monde pour auteur et complice, sous peine de créer une confusion babylonienne, une tyrannie, une misère épouvantable*. Nous sommes donc avertis; agissons! (*Applaudissements.*)

Paris, imprimerie PAUL DUPONT, rue J.-J.-Rousseau, 41. — 2100-7.79

www.ingramcontent.com/pod-product-compliance
Ingram Content Group UK Ltd.
Pitfield, Milton Keynes, MK11 3LW, UK
UKHW012305240726
13966UKWH00004B/1656

9 782011 746245